NUEVA FORMA DE VOTAR

Para eliminar la mala gobernabilidad
de un País y la miseria asociada!

Cid Adão

Copyright © 2016

Cid Adão,

ISBN: 978-1534901896

Adão, Cid
NUEVA FORMA DE VOTAR

Para eliminar la mala gobernabilidad

de un País y la miseria asociada

DEDICO ESTE LIBRO A TODOS

los que sinceramente se esfuerzan

para mejorar la Civilización!

ÍNDICE

PRÓLOGO **1**

INTRODUCCIÓN **7**

TENER PRESENTE AL LEER EL LIBRO 9

LA ESTRUCTURA DEL LIBRO 11

LOS GOBERNANTES DEL PASADO 11

LAS REVOLUCIONES 12

¿ESTOY RODEADO DE ASNOS? 12

LA GRAN VENTAJA DE LA "DEMOCRACIA" ACTUAL ... 13

¡DAR "NUEVOS MUNDOS AL MUNDO"! 15

AGRADECIMIENTOS 15

LA ENTREVISTA AL CID ADÃO **17**

INICIO 19

LA ENSEÑANZA 31

LA JUSTICIA 36

LA SALUD 38

LA SEGURIDAD SOCIAL 39

SUGERENCIAS PARA VOTAR CORRECTAMENTE 41

LA ARISTODEMOCRACIA **53**

¡CUESTA ARRIBA EN EL "NINEL DE CIVILIZACIÓN"! 55

¡TOMARÁ TIEMPO Y REQUIERE ESFUERZO, PERO VALE LA PENA! 56

LA "IDEA BASE" 58

¿COMO HACER? 59

EL FUNCIONAMIENTO DE LA ARISTODEMOCRACIA 60

NO DORMIR CON LA RUTINA 61

¡LA ESPERANZA NUNCA MUERE! 62

PRÓLOGO

PROCESO SIMPLE Y PRÁCTICO PARA HACER EVOLUCIONAR Y DESARROLLAR UN PAÍS O UNA ORGANIZACIÓN "DEMOCRÁTICA", INBUIDA DE MEDIOCRIDAD POLÍTICA!

"El mundo es un lugar peligroso para vivir, no a causa de los que hacen el mal, sino por aquellos que observan y dejan que el mal suceda sin hacer nada."

Albert Einstein

¿HAY ALGUNA "CRISIS" QUE NO SEA SOLAMENTE LA IDIOTEZ DE UN PUEBLO QUE ELIGE MAL A SUS GOBERNANTES?

Hablar mal, acostarse y desanimar, es muy fácil, pero no evoluciona. Salir de la mediocridad, es más difícil, pero se puede hacer y, a menudo, a través de algo tan simple como ir a votar!

Es un derecho y un deber del ciudadano votar en un partido que ha optado por tener gobernantes competentes y por tener gente honesta, los únicos que pueden hacer avanzar en un País!

Pero pueden aparecer en la mente de las personas dos ideas asesinas:

La 1ª idea asesina: No vale la pena votar porque los partidos son todos iguales.

La 2ª idea asesina: He votado siempre en este partido y no voy a cambiar ahora.

¿Cómo superar las ideas asesinas?: Si el actual partido en el gobierno es bueno, ya que desarrolla el País y se hizo cargo de los ciudadanos, hay que votar por él! Si el actual partido en el gobierno no sirve, es necesario que casi todos los votos de la población del país sean para otro partido, pero hay que ***votar***

con sabiduría con el fin de obligar al actual partido gobernante a desaparecer de la escena política!

Como hacerlo: El libro presenta un método sencillo y práctico, que se resume en la figura de la contraportada que muestra el proceso, con una tabla resumen general!!!

Cualquier persona mínimamente inteligente verifica que la humanidad no sabe aprovechar las grandes oportunidades que el desarrollo de la tecnología permite, para hacer avanzar la Civilización. Por el contrario, la mediocridad se ha extendido por todo el planeta, y parece que todo se hunde, desde la destrucción del entorno físico hasta las relaciones entre las personas. Lo único que ahora cuenta es tener un "número" que crece en su cuenta y que se encuentra en la computadora del banco! Por lo tanto, ¿hay admiración por la aparición de "crisis"?

La mayor desgracia que le puede pasar a un País es que el pueblo no este formado por personas que sepan pensar y actuar y pasen a comportarse como un montón de idiotas que siguen a cualquier "chico inteligente" que se las arregla para convencer a que el estiércol es oro. Cuando esto sucede, las personas sensatas simplemente tienen ganas de gritar: "Estoy rodeado de burros". Pero entonces recuerdan que ellas también han sido alguna vez engañadas sin darse cuenta y tratan de reaccionar de manera positiva, ganando valor y se esfuerzan por mejorar la Civilización.

A la pregunta: **¿No habrá salida?** La respuesta aparece: *Hay! Hay realmente!!!* Aunque algunos pueden anunciar que no hay manera de salir (los interesados en mantener la situación), de hecho, la situación puede cambiar, para bien, si la mayoría de la gente se despierta y comienzan a pensar por sí mismos y a actuar correctamente.

Este libro tiene como objetivo abrir un camino para este propósito y contribuir al avance de la Civilización, con los beneficios que aportan a todos (incluso a los que están en

4

situación de mediocridad y piensan que se benefician de las aguas turbias, salen ganando cuando viven en un ambiente civilizado, a pesar de que, como idiotas que son, piensan que se benefician más de caminar en aguas turbias).

Por ejemplo, hubo en el pasado un país que descubrió nuevas rutas para la humanidad y superó lo que todos pensaban que era el fin del mundo! (Recordando lo que dijo Einstein, "Algo sólo es imposible hasta que alguien pone en duda y lo lleva a cabo!")

Así, ***también, ahora es posible crear "nuevas vías" de votar para elegir los gobernantes***: esta es la solución para salir de la mediocridad y evolucionar hacia una vida bien mejor!

Ese País que a partir de cierto punto, por el comportamiento de sus habitantes se fue a vivir en la miseria, puede salir del barro, restaurar el antiguo nombre y sentirse orgulloso entre otros Países, mientras que su población puede pasar a vivir despreocupada, si comienza a actuar con el fin de abrir nuevos caminos en la creación de la Civilización y después mantener la situación civilizada que consiguió crear. Todo pasa por poner en la gobernancia las personas competentes y con integridad que se ocupen de los intereses del País! Y lo mismo se puede hacer en cualquier país u organización donde los líderes son elegidos por voto!

Se puede decir que todo este libro viene del pensamiento y experiencia del autor. Es responsabilidad de la inteligencia del lector la identificación con situaciones reales que sabe. También es responsabilidad del lector ayudar a crear la realidad que desea vivir! Por tanto puede elegir entre una de las dos opciones que se presentan brevemente en los puntos a) y b) siguientes:

a) Comportarse como un sin cabeza (significa sin cerebro, ya que no quiere pensar y actuar) dejando que otros piensen por ti y te laven el cerebro con la publicidad, siendo por tanto responsable de dejar hundir un país (y por lo tanto la Humanidad), se reconfortando con la famosa frase que va alrededor: "No vale la pena, porque no hay nada que hacer. Los políticos son todos la misma basura", pensamiento esto debido a un lavado de cerebro que van haciendo para mantener el "status quo";

b) Empezar a pensar y actuar por ti mismo, de manera a ser responsable y activo, y sintiendo después la satisfacción de haber hecho todo lo posible para hacer avanzar la Civilización y el comportamiento equilibrado (el primer paso es ir a votar conscientemente) y crear una sociedad que es buena para todos, no poniendo en el poder la "basura", pero sí personas competentes y honestas para gobernar bien! *La elección es suya!!!* y tiene consecuencias muy importantes.*!! Nunca juzgue que su voto no sirve para nada!* Dijo un viejo sabio: "si todos llevan una pequeña piedra, al final habrán cambiado una montaña de lugar!".

Puede que no parezca, pero la solución está en sus manos!!!

Espero que las ideas de este libro puedan ayudar a ver con claridad y a elegir sabiamente para el bien de todos!

Cid Adão

INTRODUCCIÓN

Tener presente al leer el libro *9*

La estructura del libro *11*

Los gobernantes del pasado *11*

Las revoluciones *12*

¿Estoy rodeado de asnos? *12*

La gran ventaja de la "Democracia" actual *13*

¡Dar "Nuevos Mundos al Mundo"! *15*

Agradecimientos *15*

TENER PRESENTE AL LEER EL LIBRO:

(y luego aplicar en el momento de la votación)

"Sólo los idiotas son los que al actuar del mismo modo quieren obtener resultados diferentes!"

Albert Einstein

"Algo sólo es imposible hasta que alguien duda, y lo realiza!"

Albert Einstein

"Limpieza atrae limpieza; basura atrae basura!"

Prof. Doutor Manuel Abreu Faro

La mediocridad atrae y promueve la mediocridad; la competencia atrae y promueve la competencia. Por lo que hacen, no por lo que dicen, se distingue a que grupo pertenecen las personas. No es indiferente para el futuro de un País (u organización) tener en el gobierno cualquiera de los dos tipos de personas!

Adaptación del anterior

"Si no te interesas mínimamente por la Política, tarde o temprano tu serás gobernado por aquellos que son menos competentes que tu!"

Platão (A.C)

Sé que me veen como un ladrón,
Pero hay muchos que conozco
Que sin parecer lo que son
Ellos son lo que yo parezco!

Poeta António Aleixo

"El País ha perdido la inteligencia y la conciencia moral. Las costumbres se disuelven, las conciencias en estampida, los caracteres corrompidos.

La práctica de la vida es sólo hacia la comodidad. No hay principio de que no se le niega. Ninguna institución que no es burlada.

Nadie se respeta. No hay solidaridad entre los ciudadanos. Nadie cree en la honestidad de los hombres públicos.

Algunos usureros felices explotan. La clase media se cae progresivamente en la imbecilidad y la inercia. Las personas están en la miseria.

Los servicios públicos son abandonados a una rutina durmiente. (…)

El Estado es considerado en su acción fiscal como un ladrón y tratado como un enemigo. (…)

La certeza de este descenso invadió toda la conciencia.

Se dice en todas partes: el país se pierde!"

Eça de Queirós en 1871

LA ESTRUCTURA DEL LIBRO

Este libro se compone de tres partes:
- esta introducción, donde se presenta el contorno del tema del libro;
- una entrevista con Cid Adão, que presenta una forma práctica y eficaz para liberar un País de la "mediocridad" que lo quiere gobernar, si ese es el caso;
- una propuesta a largo plazo sobre cómo hacer crecer la Civilización y mantenerse en cualquier país u organización "democrática", de modo que sus habitantes vivan con el más alto nivel de vida posible y que tengan ganas de vivir. Es el sistema de que he nombrado de "Aristodemocracia"!

LOS GOBERNANTES DEL PASADO

Yo siempre me cuestioné ¿por qué, mirando a la historia de la humanidad, sólo en raras ocasiones los países fueron gobernados las personas más competentes y dedicadas? Pero casi siempre fueron los más grandes criminales, los más anormales, los expertos de la mentira, o los que pertenecen a la mediocridad instalada y promovida, que gobernaron el pueblo.

Y más: Los mejores miembros de la humanidad, y no son la regla, fueron asesinados a menudo por aquellos que trataron de ayudar.

Sin embargo, algo sorprendente ha sucedido: la Humanidad ha seguido evolucionando! Pero cómo podría estar en un nivel de evolución y Civilización mucho mayor y la gente a vivir mucho mejor si se hiciera el gobierno por personas competentes y adecuadas para gobernar!

En este libro se presenta un proceso sencillo y eficaz para acelerar el desarrollo de la Civilización al hacer que los más honestos y competentes puedan ser los gobernantes de las naciones. Entonces, como "limpieza atrae limpieza ..." lo mismo ocurrirá en las otras entidades del País!

Pero esto no sucederá por milagro. Como he dicho antes, se necesita la actuación de cada uno, incluso lo que se considera insignificante. El punto de partida es tener un poco de incomodidad e ir a votar correcto, si se tiene la suerte de vivir en un régimen llamado Democrático.

LAS REVOLUCIONES

A veces se oye decir que es necesario hacer una revolución. ¿Será que las revoluciones han servido alguna vez para algo sino para cambiar un tipo de mal gobierno por otro tipo de mal gobierno que es igual o peor que el anterior? Incluso el nombre significa una vuelta y el retorno a lo mismo. ¿Nunca ha oído decir: "El abrevadero es el mismo, sólo los cerdos cambiaran"? Ver por sí mismo. Tenga en cuenta, con ojos para ver, lo que ocurrió con las revoluciones que conoce. Se puede tomar como ejemplo el caso de su País si en él hubo alguna revolución.

¿Será que lo que los países necesitan es de "personas" para hacer revoluciones, *o de las personas que piensan para elegir líderes competentes para hacer la "Evolución"*? Decidir por sí mismo!

¿ESTOY RODEADO DE ASNOS?

A ver si no es verdad, que el llamado "sistema democrático" actual, cualquier "individuo", siempre que pueda mentir eficientemente, puede llegar a primer ministro o tiene otro puesto de gobierno para los que no tiene competencia, por tanto se hunde el país o la organización que gobierna con consecuencias desastrosas para todos. No iba a ser la situación actual, el "sistema democrático" actual, es decir, incluso la persona más mediocre la que pueda tener éxito a la dirección de un partido? Y esto, porque las personas inteligentes y por lo tanto honestas (las únicas que hacen que la civilización avance) no actúan por "golpadas" ni son expertos en hacer trampa, y por lo tanto no se dedican a tales esquemas! Sin embargo los expertos de la estafa sólo pueden tener éxito en aguas turbulentas y por lo tanto necesitan mantener el País o la organización en estas aguas turbulentas. Y esta situación permanecerá mientras que las personas no piensen por sí mismas y continuaran yendo tras las "zanahorias" creando ese famoso ambiente que haría que el niño del cuento "El rey está desnudo" gritar: "Estoy rodeado de asnos".

¿No te parece que es mejor pensar por ti mismo y no "enroscando el capuchón" con lo que nos dicen? ¿No va a ser bueno no querer pertenecer al "club de los necios", sino pertenecer de preferencia al grupo de gente civilizada y promotores de la Civilización? En este caso ¿no comienza todo cambiando para mejor?

LA GRAN VENTAJA DE LA "DEMOCRACIA" ACTUAL

En la Democracia inicial de la antigua Grecia todas las personas participaron en la votación sobre la decisión que debía ser tomada sobre el tema en discusión. De este modo condenan a la muerte el gran filósofo Sócrates. Como se observa fue un régimen de gobierno que no era bueno y desapareció, pero dejando las semillas que dieron lugar al actual "régimen democrático" que, por ahora, parece ser lo mejor hasta ser implementado el sistema "Aristodemocracia" que se presenta en la última parte de este libro.

Me parece que uno de los principales defectos del

actualmente denominado "régimen democrático" es que el voto se hace en los partidos, y no en las personas competentes. Y en esta situación cualquier incompetente o "chico astuto" que logró llegar a la cima de un partido, por lo general de manera cuestionable, puede llegar a primer ministro y luego nombrar a otros como él, hundiendo el País (…basura atrae basura!).

Así, me parece que el régimen que actualmente se llama "Democracia", aunque sirve para elegir el partido que gobernará, *tiene como su principal ventaja*, no elegir quién gobernará, pero con la posibilidad poner fuera de la gobernancia la "basura gobernante " que hundió el País, si esto sucede. *Esto requiere que casi todas las personas van a votar, pero van a votar bien*, y que no se queden a aguardar que otros decidan o actúen, y mucho menos permanecer de brazos cruzados en espera de la suerte de mejores días, como se muestra por el siguiente caso:

"Padre tiene el bigote en llamas!
Ya sé hija, no ves que estoy esperando a que llueva para que la lluvia lo apague!"

Esta posibilidad de con el voto cambiar el sistema político, es una actividad tan simple, pero muy potente porque abre la puerta al cambio para mejor y permite seguir nuevos caminos para el progreso de la Civilización!

Ahora alerto para un pensamiento asesino que hace que muchas personas no van a votar y que se reduce en: "¿para qué ir votar si todos ellos son lo mismo?" ¿Este pensamiento asesino no será promovido por aquellos que quieren mantener la situación de mediocridad actual, evitando que la gente va a votar para de ese modo "seguir manteniéndose allí"? Más adelante vamos a tratarlo.

¡*DAR "NUEVOS MUNDOS AL MUNDO"!*

Ampliando los horizontes a lo que sucede fuera del País, ver si no es verdad que, si la gente de un País, aplicara lo expuesto en este libro (que es tan simple), además de obtener progresar su País, abrirán, por el arrastre (no hay que olvidar que "limpieza atrae limpieza ...") nuevos caminos de progreso y Civilización en otros Países del mundo donde la Humanidad se está dejando hundir en la mediocridad y la autodestrucción! El país de este modo se abrirá a los caminos de futuro civilizado ofreciendo un servicio, y un gran servicio, a la Humanidad! (¿no le parece que bien lo necesita?).

AGRADECIMIENTOS

Estoy muy agradecido a todas las personas quienes tuvieron el cuidado de leer el libro y darme su opinión y sugerencias, con especial énfasis para el Profesor J.C.L. y el Doctor B.A.M.! También agradezco a la "Clássica Editora" haber permitido el uso de la tapa del libro de la edición en papel!

LA ENTREVISTA AL CID ADÃO

Inicio *19*

La Enseñanza *31*

La Justicia *36*

La Salud *38*

La Seguridad Social *39*

Sugerencias para votar correctamente *41*

INICIO

Periodista: Buenos días

Cid: Buenos días

Periodista: Antes de comenzar nuestra conversación me gustaría darle las gracias por tener la simpatía para pasar algo de su tiempo para hablar acerca de la forma de hacer evolucionar un País y proporcionar una vida mejor a sus ciudadanos.

Cid: Siempre es un gusto hablar con alguien interesado en evolucionar, intercambiando ideas con quien busca actuar correctamente, racionalmente y honestamente, ayudando así para el desarrollo y el progreso de un País.

Periodista: Muchas gracias. Siempre es bueno saber que no estamos solos en buenas causas. Siempre me ha hecho una gran confusión verificar que hay casos de dos Países que están lado a lado y uno ser altamente desarrollado, y seguir desarrollándose, mientras que el otro aún permanecer como que en la prehistoria del desarrollo y hundiéndose cada vez más! ¿Será este el resultado de la casualidad, o los ciudadanos de un País tienen la posibilidad real de hacer evolucionar su País?

Cid: La situación de miseria que describe puede ser el efecto de un gobierno de dictadura, como es fácil de comprobar por aquellos que han estado en Países dominados por regímenes dictatoriales. Pero cuando sucede que ambos los Países viven en Democracia, la situación que describe se debe normalmente al hecho de los Ciudadanos del País subdesarrollado no ven que se encuentran a ser engañados por expertos en estafa y así, continuar sosteniendo parásitos políticos que se encuentran chupando y destruindo el País, en lugar de o desarrollar.

Periodista: Por lo tanto, para nosotros no estamos perdiendo el tiempo, podríamos pasar de inmediato a la cuestión fundamental de nuestra conversación: ¿es posible o no, en una Democracia, tal y como la que existe actualmente en la mayoría de los Países, por un lado detectar y eliminar los malos partidos políticos y, por otro lado, detectar y mantener los buenos partidos políticos con el fin de hacer progresar el País?

Cid: Es posible y hay un proceso simple, práctico y eficaz para este propósito. Sin embargo debo decir que esta clase de Democracia basada en los partidos, no me parece que es el sistema ideal para elegir líderes de un País, *debido a que la cuestión principal no está en lo tipo de partido, pero en la gente que gobernará el País.* He desarrollado, por lo tanto otro proceso de elección de los gobernantes, que a mí me parece bien mejor que el vigente y a lo que asigné el nombre "Aristodemocracia" (expuesto en la parte 3 de este libro).

Periodista: ¿Y lo que es que esa palabra rara quiere decir?

Cid: "Aristo" viene del griego y quiere decir "los mejores"; democracia también viene del griego y quiere decir "gobierno por el pueblo". He combinado los dos para significar que en este régimen "Aristodemocracia" las personas eligen su gobierno entre las personas que demostraron desde pequeñas, ser honestas y las más competentes para una determinada función.

Periodista: Entonces, si no le importa explicar después con más detalle ese sistema de elección de los gobernantes. Ahora he quedado de alguna manera animado porque me pareció que ha dicho que siempre se puede recuperar un País

20

sacándolo del lodo en que se quedó atascado hasta al cuello por los sucesivos gobiernos de mediocridad y que lo hace estar "siempre en el primer lugar", pero desafortunadamente cuando se gradúa a partir del final.

Cid: Siempre es posible, incluso con relativa facilidad, si una gran cantidad de personas de este País deseen pensar de por sí y actúan como Ciudadanos que son. Es necesario que la población de este País ahora actúe como Ciudadanos Conscientes. Si gran parte de las personas no están preocupadas a salir del lodo en que se quedaran atascadas hasta al cuello, pero sólo se preocupan si los demás no hacen olas en ese lodo para ser capaz de respirar, entonces no hay nada que hacer: el País continuará en la miseria.

Periodista: ¿Por lo tanto el problema no se puede resolver por un pequeño grupo de personas?

Cid: La principal responsabilidad acaba por ser de un pequeño grupo de personas, los llamados gobernantes, que son quien toma las decisiones que hunden o hacen avanzar un País. Pero, cuando se vive en Democracia, en su forma actual, la elección de estos gobernantes depende del partido donde la gente vota, partido que después va a proponer los gobernantes. Así que tiene que ser una gran mayoría de Ciudadanos Conscientes a votar conjuntamente con el fin de mantener en el poder el partido que ha seleccionado las personas competentes para gobernar bien, o hacer desaparecer del mapa político el partido que ha gobernado mal, como se explicará entonces. De este modo todos los Ciudadanos son llamados para colaborar en este proceso.

Periodista: ¿Así, la Democracia puede no ser el sistema político ideal?

Cid: Para el desarrollo de un País, la Democracia, en su forma actual, puede ser, o puede no ser el sistema ideal. Como he dicho antes, todo depende de los gobernantes y no del propio partido! Y también he mencionado que hay otro proceso de elegir apropiadamente los gobernantes competentes, la "Aristodemocracia", que me parece ser un sistema mucho más eficaz que el actual. Sin embargo la Democracia, tal como se entiende hoy, tiene una gran ventaja en comparación con sistemas dictatoriales, si los ciudadanos no se dejaren atrapar en "canciones", ni cambiaran la Democracia en el régimen de los estúpidos que votan siempre en el mismo partido o en los mismos partidos que hundieron o están a hundir el País.

Periodista: ¿Y cuál es esa ventaja?

Cid: La gran ventaja de la Democracia en su forma actual es el poder de poner fuera de la gobernancia los incompetentes que han gobernado mal un País, o mantener en el gobierno un partido que ha elegido gobernantes que gobiernan bien, y han hecho desarrollar el País. Como usted puede ver, la ventaja principal de la Democracia no es los ciudadanos elegir los gobernantes, hasta porque a menudo esos gobernantes ni son en el inicio conocidos directamente por los ciudadanos ni se sabe su forma de actuar. El ciudadano va votar por un partido y ese partido es que es responsable por la selección de los gobernantes. Toda la cuestión es: ¿en la próxima elección mantener esto partido o "enviarlo a la basura" debido al modo como los gobernantes elegidos han gobernado el País?

Periodista: ¿Y cuando la población está como dormida y continúa sucesivamente eligiendo partidos con políticos que solamente lo que hacen es ocuparse de la vida de sus miembros y de lo que llaman su "carrera política", bien como de la vida de la familia y amigos, como de costumbre se dice:

"Ellos están para gobernarse en vez de gobernar el País"?

Cid: En ese caso se caerá en un ambiente de mediocridad instalada y promovida que transforma el País en un lodazal de corrupción y hace con que ese País se vaya a hundir en el camino de la miseria. La Democracia se convierte en el sistema de los estúpidos.

Periodista: Recordé ahora una frase que una vez oí y decía pero o menos esto: "Limpieza atrae Limpieza, basura atrae basura. Por los resultados de lo que han hecho se pueden distinguirse las personas que pertenecen a cada una de las dos categorías".

Cid: Es una gran verdad, como se puede ver en el día a día. Cada uno atrae y promueve su igual, creando mayorías de "Limpieza" o "de basura" que después condicionarán la evolución de un País o cualquier organización.

Periodista: ¿Que sucederá entonces en un ambiente de mediocridad?

Cid: En un ambiente de mediocridad "Quien sabe, sabe; quien no sabe es el jefe". Los puestos de trabajo y promociones se obtienen, no por la competencia y seriedad de los candidatos, sino por pertenecer al "partido" o "grupo" que se dejó tomar cuenta del poder. La gente está siempre con el miedo de que los colegas "les espeten un cuchillo en la espalda" y reina "el golpe". No hay empresa, institución o País que avance con un entorno de éstos: se autodestruye y al final, incluso los golpistas que "ascendieran" a expensas de traiciones, quedarán en el lodo general, o al extremo acaban cogiendo un disparo.

Periodista: ¿Y en un entorno de personas competentes?

Cid: Allí, las reglas que están establecidas por personas competentes de modo a evolucionar la organización se cumplen de forma natural. La ética es de suma importancia. Cada persona conoce su lugar y sólo se promueve al lugar que está dentro de sus capacidades! El trabajo desarrollado por cada persona es reconocido y así andan todas satisfechas. La empresa, institución o País marcha "en pleno apogeo" en un ambiente de "Limpieza". Todo el mundo gana con esto, incluso los mediocres, que en el otro sistema de "basura" serían líderes, ahora ganan más y andan más satisfechos, mismo no teniendo en este sistema de Limpieza lugar destacado. Tal institución o País tiene un alto nivel de vida y es un placer vivir allí.

Periodista: ¿Pero este escenario no es una utopía?

Cid: Decir a un hombre de las cavernas que se podría ir a la luna, debería causar, más allá de una gran carcajada, a esa pregunta que me puso. Del mismo modo, aunque la humanidad actual evolucionó considerablemente en términos científicos y técnicos, en términos de civilización ¿no es cierto que la humanidad en los tiempos modernos aún está prácticamente al tiempo de las cavernas, destruyendo los otros y destruyéndose a sí mismo? De vez en cuando aparecen personas que son como luces de la civilización, pero en lugar de seren aprovechadas, son destruidas por los mediocres, porque revelan la mediocridad de las que intentan aparentar ser civilizadas. La humanidad pierde así una hipótesis para dar un salto en la Civilización. Recuerdo, como un ejemplo del siglo pasado, Martin Luther King.

Periodista: No es fácil, por lo tanto, crear un entorno civilizado.

Cid: Curiosamente la tarea hasta cierto punto es fácil, si la consideramos posible experimentando realizar las acciones necesarias para tal, pero será difícil, si lo consideramos difícil o imposible. Por eso los expertos en la mediocridad tratan de

24

mantener a los demás con bajo nivel cultural y sin pensar por sí mismos, llenando sus cabezas con publicidad. Y el primer paso para progresar en la Civilización, es muy sencillo: tener la pequeña molestia de ir a votar correctamente!

Periodista: Pero el progreso tampoco caerá del cielo.

Cid: Claro que no. Siempre será necesario un esfuerzo y luego para empezar es necesario tener coraje reconociendo interiormente que es posible causar la Evolución, incluso si es necesario ir en contra de la opinión generalizada que no hay nada que hacer. En una Democracia, la responsabilidad última es de la gente que, o no han votado o han votado mal. Por eso es que también se dice que "un pueblo tiene el gobierno que se merece".

Periodista: ¿Entonces el proceso necesita que cada Ciudadano se convierta en una persona con pensamiento propio, guiando la vida para hacer avanzar la civilización al votar por un partido, no emocionalmente, pero racionalmente?

Cid: Así es. Uno de los principales obstáculos al progreso sucede si el Ciudadano actúa como sin cabeza (lo que significa incapaz de pensar por sí mismo), o votar emocionalmente (porque siempre ha votado a favor de ese partido, o porque su padre también he votado en ese partido, o por considerar que sólo su partido es lo bueno, incluso si se ha hundido el País). Ese tipo de personas solo es capaz de decir lo que pasa en la moda, aplaude porque otros aplauden, incluso si no está de acuerdo. Después aparecen parásitos que andan a chupar la sociedad, parásitos generalmente políticos o conectado a ellos y, en lugar de ser quitados y "mandados para ir a trabajar", son aplaudidos por este tipo de personas "sin cabeza", continuando a dar la idea de ser el más grande debido a que los otros los aplauden (y, al mismo tiempo, la sociedad o el País están hundiéndose).

Periodista: Me recuerda una historia muy divertida que me dijo un día sobre un perro y sus parásitos. ¿Le importaría repetir para que los lectores conozcan?

Cid: Es la historia de unas garrapatas ingeniosas que se las arreglaron para convencer a un perro a salir de la casa donde viví muy bien y dejar el cuidado de su propietario, ya que salir de casa es que era bueno para el perro: hacer lo que tenia ganas de hacer sin medir las consecuencias, ir a la aventura sin reglas, ser el más maleducado posible: "esto es lo que era tener libertad". Así el perro se aleja del dueño que lo trataba y lo mantenía limpio de parásitos, dándole una alimentación adecuada a las horas determinadas, vacunándole (causando dolor a él que, por sugerencia de las garrapatas, empezó a pensar que era maldad del propietario). Como es evidente el perro comenzó a languidecer y a sentirse mal. Por otro lado, las garrapatas engordan "sin esfuerzo alguno", pasando el tiempo en "reuniones políticas" para combinar cual es la mejor manera a seguir para convencer al perro que es esencial para el continuar manteniendo este estilo de vida que alimenta las garrapatas. Y más: se las arreglaron para convencerlo que ellas todavía le hacen el favor de chuparle la sangre!!! Y el perro continúa muy agradecido a las garrapatas por la "revolución" que hicieron en su vida, mientras que el se está deshaciendo en la miseria!

Periodista: Parece una locura, pero pensando un poco, la situación no es tan fuera de lo común en el día a día de las sociedades. Las "garrapatas" no tienen ningún interés en que lo "perro" piense por sí mismo y descubra cómo vivir una vida civilizada, con equilibrio y abundancia …

Cid: Es por eso que los Ciudadanos Conscientes son fundamentales en un País, y deberían ser así casi todas las

26

personas de este País, si quieren vivir bien, o sea civilizadamente. ¿Has visto lo que ocurrirá a las garrapatas si el perro empezar a pensar de por sí, volviendo a la vida civilizada y al cuidado del propietario? Como he dicho anteriormente, lo curioso es que está perfectamente en su mano (o en su "pata de perro", si estamos en el interior de la historia) esta posibilidad y que es muy sencillo. *Primero*, el propio "perro" es qué tiene que despertarse y decidir. *Después* tiene que parar el desánimo y comenzar a actuar, dando un primer paso que es extraer las garrapatas y volviendo al dueño, o buscando un nuevo dueño, siempre atento y con "ojo abierto" para que no le ocupen los familiares de las garrapatas que ha extraído y que, siempre disfrazados de amigos indispensables, lo lleven de vuelta a la vida de la miseria para lo parasitaren.

Periodista: Entonces aparece el problema del reconocimiento de quien es "dueño amigo" y quien es "garrapata"!

Cid: La solución es muy simple: con el amigo dueño el perro evoluciona! Está limpio y satisfecho, con un buen nivel de vida al par con los otros perros civilizados del barrio. Con las garrapatas, el perro está siempre en un estado lamentable donde nada funciona bien. También ayuda a detectar un gobierno de "garrapatas" si sus miembros o personas vinculadas a ellos aparecen con una riqueza que nadie sabe de dónde viene, pero no podía venir de los ordenados que tienen, porque como dice el proverbio: "Quién vende hijo de cabra y cabras no tiene, de alguna parte viene". Recordando la frase antes citada: "Por los resultados de lo que hicieron es que se pueden distinguir los que son de Limpieza y los que son de basura"

Periodista: Y muchas veces este "perro" incluso se auto

consuela diciendo que no es el único a ser miserable.

Cid: Así es, pero lo que debe hacer es compararse con los que viven bien, luchando por llegar a su nivel de civilización, y no quedarse en niveles por debajo, con esta excusa que el "perro", dice para servirle de consuelo, en vez de actuar para avanzar. Y ahora una anécdota para ilustrar la situación:

En un congreso médico internacional, un médico del País "A", que es un país muy civilizado y donde la gente vive bien, dice: " La medicina en mi País está tan avanzada que podemos hacer un trasplante de cerebro, y en 6 semanas el paciente está en condiciones para buscar empleo";

Un médico del País "B", también civilizado, no queriendo ser menos dice: " En mi País, transplantamos un corazón y en 4 semanas el paciente está en condiciones para buscar empleo ";

Finalmente un médico del País "C", (ese País subdesarrollado, análogo al "perro" con garrapatas) dice con aire de lamentos: " Eso no es nada !!!. Nosotros hemos votado una y otra vez en gobiernos sin capacidad, poniendo en el gobierno "chicos astutos" bien discursantes que nunca hicieron nada bien en la vida y, pasado poco tiempo, todo el País se busca un empleo ".

Periodista: Esto me recuerda un País que yo conozco y que, desafortunadamente, ha tenido varios de estos gobernantes, debido a que las personas insisten en votar mal o no votar y ahora está "en crisis", en el lodo, cuando podría estar bien.

Cid: Cómo ve, el principal problema es, entonces, de resolución muy simple: cada Ciudadano comproba se su País está o no a ser bien gobernado. Despúes simplemente en función de ello, hay que cambiar o mantener en la gobernación, el partido de los gobernantes actuales. Y muy principalmente, jamás abstenerse de votar porque el abstencionismo puede convertirse en la principal causa del hundimiento de un País en la mediocridad.

Periodista: ¿Y cómo llegar a conocer se un País ha sido bien gobernado, cuando cada partido dice que ha gobernado bien, o como se ve en las campañas electorales, promete buen gobierno si voten por él. Pero después parece que todos son iguales y las personas quedan desilusionadas dejando de ir a votar.

Cid: Cualquier propagandista puede decir lo que quiere. Esto no cambia la realidad del País! Pero, desafortunadamente, hay muchos tontos que aún siguen canciones y votan por el mismo partido mismo cuando es evidente que antes gobernaron mal. Hablando hasta se consigue demostrar que la peor guerra fue necesaria y hasta un beneficio para la humanidad. ¡Por supuesto quien habla así nunca ha estado allí y nosotros no podemos modificar los tontos! Lo que se necesita es que la mayoría de la población no deje de votar y al votar que vote para mantener un partido con buena gestión pública, o para limpiar la basura que ha hundido un País y *eso es fácil de comprobar: se siente en la piel.*

Periodista: Por lo tanto la realidad de un País está mostrando si hay un gobierno bueno o malo.

Cid: Así es. Hasta normalmente se dice que "contra hechos no hay argumentos".

Periodista: Sin embargo, cada partido normalmente pinta un cuadro negro como el carbón en relación con los otros partidos y un cuadro muy colorido en relación con su partido.

Cid: Hay muchos expertos en estafa, bien como muchos

buenos actores en la política y, si los dejan, son esos los que logran ir hacia arriba y tener posiciones de liderazgo en un entorno de mediocridad instalada y promovida. Pero hay cuatro pilares que inmediatamente mostran si un País ha sido y continúa a ser bien o mal gobernado. El Ciudadano Consciente los observa, comproba si ellos fueron bien tratados por los partidos que han pasado por lo Gobierno y elige el partido en que va a votar, de acuerdo a su observación sin entrar en canciones electorales. También ayuda observando que un buen gobierno gobierna preocupado con el desarrollo del País y malos gobernantes gobiernan preocupados en ganar la próxima elección, llenando sus propios bolsillos y los bolsillos de los amigos, apareciendo en grandes inauguraciones y haciendo grandes promesas en el año de las elecciones, lo que podemos clasificar como " la mascarada electoral".

Periodista: ¿Y cuales son esos cuatro pilares?

Cid: Son: la Enseñanza, la Justicia, la Salud y la Seguridad Social.

Periodista: ¿Y acerca de la economía y el bienestar de los ciudadanos?

Cid: Si los cuatro pilares están asegurados, el nivel económico aumenta de forma segura porque fueron creadas las infraestructuras para su desarrollo y la gente comienza a vivir mejor.

Periodista: ¿Podemos entonces ver con mayor detalle cada uno?

Cid: Pero sin duda!

Periodista: Entonces vamos a empezar por la Enseñanza.

LA ENSEÑANZA

Cid: La mediocridad tiene mucho miedo de la gente educada y culta. En un País gobernado por la mediocridad, aunque se habla mucho en fomentar la calidad de la enseñanza, en la parte de atrás lo que se busca es que la gente no sea educada y que permanezca con un bajo nivel de conocimientos. Ya sabes: "En el país de los ciegos el tuerto es el rey" y la enseñanza da dos ojos las personas. Así, las personas pueden ver que "el Rey está desnudo" y que necesita ser reemplazado para no "desnudar" también el País.

Periodista: ¿Cuando habla en la educación, se refiere a la educación acerca del modo de actuar de la persona cuando se reúna con los demás, o la educación-formación de la enseñanza escolar desde la infancia?

Cid: Los dos están interrelacionadas y complementadas, por lo que es necesario hablar de ambas. y este asunto de la Enseñanza es un tema crucial para el desarrollo del País.

Periodista: Entonces podemos empezar por la educación de las personas en su vida diaria.

Cid: Está bien. ¿Ha notado, que en un País civilizado las personas son educadas de forma natural y respetuosas cuando se encuentran, coexistiendo en armonía, mientras en un País gobernado por la mediocridad, además de baches en las carreteras y basura en el suelo, las personas son ásperas y falsas, siempre al acecho para ver si la otra (incluso la más amiga) cae, para reírse y burlarse de ella?

Periodista: Ya que lo menciona, incluso en los medios de comunicación se nota. Por ejemplo, me he dado cuenta que en la televisión de un País gobernado por la mediocridad, cualquier "chico" que trabaja como Periodista habla con las personas que podrían ser sus abuelos, con una total falta de respeto, mientras un País civilizado se tratan las personas por "Señor", o "Señora", con el debido respeto.

Cid: Por desgracia, así es. Incluso al referirse a los titulares de los puestos de gobierno de más alto rango, los tratan como: "Carlos llegó ..." en vez de "llegó el señor Presidente de la República ...". Es absolutamente increíble el bajo nivel al que se puede llegar cuando se deja la mediocridad gobernar.

Periodista: Aquí volvemos a esa frase "basura atrae basura ...". En un País civilizado, ese Periodista, probablemente ni llegaría a Periodista, o a hacer tales figuras lamentables.

Cid: Claro que no, incluso ocurriendo que, desafortunadamente y por falta de visión de los votantes, el Presidente de la República puede ser un "guijarro con dos ojos", esta persona está para representar un puesto de suma importancia a la sociedad, por lo que debe ser tratado con el debido respeto.

Periodista: Pero el Presidente de la República, bien como los demás detentores de cargos políticos, también debe respetar los demás ciudadanos!

Cid: Ahí está otro indicador relativo a la educación: la manera en que se comportan los gobiernos. En un País civilizado los gobernantes y los miembros del partido, se respetan mutuamente, y respetan las leyes y las otras personas. En un País de parásitos políticos, estos se creen seres superiores (y son, solo que superiores en la mediocridad) al mismo tiempo que consideran los demás como seres de segunda clase que sólo son útiles para votarlos (y para pagarles los privilegios).

Periodista: Ya que mencionas eso, incluso me dijeron

que el alto directivo de un País habló mal en público de la policía, simplemente porque se habían equivocado. Una vergüenza pública para ese País tener ese líder y ahora veo como esto puede servir de indicador de la capacidad de gobierno del partido a que pertenecía!

Cid: Así es! No obstante ocupa el puesto de Director.

Periodista: Sin embargo tales personajes sólo avergüenza un País. Nunca deberían ser capaz de obtener la elección para dichas posiciones.

Cid: Y en un País civilizado nunca serían. Una vez más volvemos al problema principal de nuestra conversación: encontrar cuáles son los indicadores que nos informan de la capacidad de gobierno de los partidos, para evitar que la "mediocridad" gobierne un País Y, si por casualidad llega a gobernar, ponerlo lejos de la gobernabilidad, rápidamente y de una vez para siempre en las próximas elecciones.

Periodista: Entonces podemos pasar ahora a la llamada Educación Escolar, o Académica.

Cid: Es muy fácil de ver si un país ha sido bien o mal gobernado en esta materia. Simplemente mirar, porque la preocupación de un gobierno serio es apoyar y desarrollar buenos estudiantes, bien como crear las condiciones para fomentar una educación exigente y con calidad para que todos puedan tener una buena formación. O sea: eleva el nivel y en realidad estimula la excelencia, lo cual hace el desarrollo del País.

Periodista: ¿Y como distingue una mediocridad de gobierno en esta materia?

Cid: Se distingue comprobando que su política de educación genera un País de "asnos". La preocupación de este gobierno es sólo guardar las apariencias de una buena imagen, evitando artificialmente   lo que ellos llaman el fracaso escolar. Después son esos mismos "asnos" que mantendrán los gobernantes que los han creado. Así, nivelarán por abajo: los malos estudiantes pasan para el próximo año (para dar la apariencia que todo está bien con el denominado fracaso escolar y evitar molestias con los padres de los estudiantes), los maestros casi tienen que pedir a los estudiantes que dejen dar las lecciones, los estudiantes que son considerados héroes son los más groseros, o los que destruyen las ventanas de las escuelas apedreándolas (los llaman "irreverentes"). Ya ves el hermoso entierro del País que tiene tales políticos como gobernantes y tales estudiantes como futuros gobernantes, o compañeros de trabajo en el empleo (basura atrae basura…).

Periodista: Hace algún tiempo me quedé sorprendido porque he visto en la TV que hubo padres que han estado más de un día a la espera de abrir las matriculaciones para una escuela en particular, a fin de poder dar una educación de calidad a sus hijos, con casi un año de antelación para el inicio de clases. Así que hay padres que están preocupados con la educación de los niños.

Cid: No me cuesta nada de adivinar que esa escuela es una escuela privada y que es independiente del Gobierno.

Periodista: Y ha adivinado.

Cid: Esto demuestra que es posible hacer una buena educación y, por lo tanto, también es posible en la educación pública. hay maestros y padres interesados. De nuevo el problema está en los Gobernantes y en el apoyo del Ministerio respectivo. Si algunas escuelas privadas hacen una enseñanza bien hecha, en las escuelas públicas también se puede hacer y con más razones. Así, si los padres están preocupados es necesario que voten correctamente para

34

limpiar la "mediocridad" y elegir gobernantes honestos que promuevan la educación.

Periodista: Por lo tanto, para comprobar si un gobierno era competente, en el campo de la Educación, basta preguntar: ¿estos gobernantes crearon una escuela volcada para la formación de buenos estudiantes y para crear condiciones en las escuelas con el fin de generar buenos estudiantes, y buenos ciudadanos o han creado y han dejado ocurrir condiciones en las escuelas para reinar la mediocridad, la falta de respeto y la valoración de los "astutos"?

Cid: Sí, es muy sencillo, es suficiente comprobar esto. Es suficiente ver lo que sucede específicamente en las escuelas donde van sus hijos, o los hijos de conocidos, bien como tener cuidado con lo que muestran los medios de comunicación del País, en el campo de la Educación. Entonces, en el día de elecciones, tome nota de este aspecto para elegir el partido por quién votar, como veremos más adelante.

Periodista: Pero en las universidades los profesores van a observar lo que se pasa y tratar de corregir.

Cid: Los profesores competentes sí, pero si el lado mayor es mediocre también están a hundirse con el País. No se olvide: "Limpieza atrae Limpieza…" Me dijeron una situación de un profesor mediocre que dejó la Universidad dónde estaba, pasó a otra donde un familiar, que fue Rector, arregló forma de hacerlo obtener el nivel de Profesor Catedrático. Como en el sur del País había una nueva Universidad con una carencia de Profesores Catedráticos, le dije adiós al familiar y se trasladó con su esposa para la Universidad del sur donde por supuesto también ha arreglado manera de emplear su esposa.

Periodista: De lo que me cuentas incluso llegó a Rector!

Cid: En realidad llegó! ¿Y ahora quien pensa usted que se promoverá en dicha Universidad: la mediocridad o la competencia?

Periodista: No va a ser difícil de adivinar: en una organización de la mediocridad ...

Cid: Cuando me dijeron este triste caso, y hay aún situaciones de plagio etc., para mi era perfectamente la demostración de la famosa sentencia "la mediocridad atrae y promueve la mediocridad, la competencia atrae y promueve la competencia". Así que no piense que las universidades están a salvo en un País donde reina la mediocridad. Si los votantes del País siguen manteniendo la mediocridad en el Gobierno el problema continúa teniendo dimensión cada vez mayor en todas las instituciones.

Periodista: En cuanto a la educación estoy aclarado. Vamos a continuación considerar la Justicia.

LA JUSTICIA

Cid: La justicia es otro de los pilares básicos para el desarrollo de una sociedad. La Justicia en un País no sólo está relacionada con los tribunales, pero también con todas las fuerzas de seguridad para hacer frente a la protección de todos los ciudadanos.

Periodista: ¿Entonces también se puede comprobar la capacidad de gobierno de un partido en particular por la forma en que la justicia está en el País, que se detecta fácilmente comprobando por ejemplo si no hay seguridad para salir por la noche sin ser robado?

Cid: Esto es un ejemplo, pero hay otras cosas que debe

comprobar. En una sociedad civilizada la justicia es ciega para el tipo de personajes que participan en un proceso, tratando todas las personajes de la misma manera. En este tipo de sociedad los jueces también tienen poco que hacer dado que el ciudadano es civilizado. Sólo en casos muy excepcionales, si el hace recurso a la justicia y, por eso, los procesos judiciales son pocos y caminan rápido y dignamente. En este tipo de sociedad los jueces mediocres también son responsabilizados por los juicios fraudulentos, y alejados del poder judicial.

Periodista: ¿Y en la sociedad de la mediocridad?

Cid: En una sociedad de mediocridad instalada y promovida, muchos jueces se venden, los resultados de los juicios dependen de las personas implicadas, varios jueces solo piensan en aumentar de peso en los almuerzos y jantaradas con personas influyentes y adineradas (a menudo la riqueza proviene de dinero ilícitamente conseguido), los Tribunales no tienen condiciones de operación, el número de casos crece, se mantendrán, arrastrándose años y años sin resolución, y los jueces pueden hacer con impunidad los desatinos que ellos quieren porque son intocables.

Periodista: Por lo tanto, en este caso, los Ciudadanos no pueden contar con los tribunales.

Cid: Pues no. Hay el ambiente del tipo "pobre ladrón y la malandra de la anciana robada". Deja la escuadra más rápido el asesino, que el policía que lo detuvo. Además, para desarrollar un País también es absolutamente crucial una lucha implacable a la fraude, al clientelismo, y a la corrupción.

Periodista: En resumen, ¿cuáles son las preguntas que debe hacer en este caso la Justicia?

Cid: Sugiero las siguientes preguntas:

El partido, cuando estaba en el gobierno
   a) ¿ha favorecido las fuerzas del orden, creando seguridad para el ciudadano, o ha creado un clima donde no se puede salir a la calle sin ser robado, (o sea: ha luchado contra el crimen o estuvo haciendo la vida más fácil para los delincuentes)?

   b) ¿ se creó un sistema de Justicia que favorece el ciudadano ejemplar, o un sistema de justicia donde se hace la vida más fácil a la mediocridad y al ladrón experto?

   c) ¿ha creado condiciones para que los Tribunales funcionen bien, o en la práctica, los tribunales no sirven para casi nada dado el tiempo que los casos toman para resolver, y la forma fraudulenta como muchos jueces deciden con impunidad?

Estas preguntas están relacionadas entre sí, por eso también es fácil el ciudadano encontrar cómo es la justicia en su País y así saber cual los partidos que dejan el País con una Justicia digna de ese nombre, o con una simulación miserable de la justicia. Ver en su País; después votar correctamente.

LA SALUD

Periodista: En cuanto a la salud me parece muy fácil comprobar si un partido ha gobernado bien o no.

Cid: Es verdad, y no tenemos que pasar mucho tiempo con este tema. Sólo hay que ver si los hospitales y centros de salud son suficientes y tienen las condiciones necesarias para el tratamiento de los pacientes con dignidad, si las condiciones de servicio son buenas cuando es necesario ir a los hospitales, o centros de salud, si los profesionales de la salud (médicos, enfermeros...) son valorados, mientras que se requiere la responsabilidad debido a que se trata de vidas humanas.

Periodista: No sé si le parece que lo que sigue resume lo que dijo: En un País que fue bien gobernado, si un ciudadano tiene un problema de salud, ese ciudadano es oportuna y debidamente atendido en los servicios de salud pública; en un País que fue mal gobernado, quién tiene dinero hace uso de los servicios de salud privados, quién no tiene dinero muere en su casa, en lista de espera, esperando eternamente para ser llamado, o tiene pánico si tiene que ir a las salas de emergencia del hospital y centros de salud debido a situaciones inhumanas por donde debe pasar, comenzando con el tiempo de espera de ser asistido.

Cid: Me parece un buen resumen que toca la clave para una elección objetiva, o una eliminación objetiva de un partido. Usted ve que es muy fácil distinguir si un partido ha gobernado bien o no, en esta materia.

Periodista: Pasemos ahora al tema de la Seguridad Social.

LA SEGURIDAD SOCIAL

Cid: La Seguridad Social es una de las funciones más nobles de la organización de una sociedad. Con una buena Seguridad Social es asegurada la supervivencia condigna de las personas que por situaciones ajenas a su voluntad no pueden trabajar para su sustento, o no tienen condiciones de vida dignas.

Periodista: Entonces, ¿cómo podemos distinguir el bueno del malo gobierno en este asunto?

Cid: Podemos empezar por comprobar desde el principio si un partido, que estuvo en la gobernancia se interesó por este tema. A continuación, es necesario comprobar si las decisiones adoptadas en este ámbito estaban buscando el bien de las personas que realmente necesitan ayuda, o fue a ayudar (con miras de obtener votos) parásitos que no quieren trabajar.

Periodista: Pero muchas veces las personas no tienen acceso directo a esta información.

Cid: Pues no, pero volvimos a ayudarnos con la famosa frase "Limpieza atrae Limpieza ...": es decir, vemos lo que se ha hecho. En el mal gobierno hay pobres a implorar en la calle, a veces en estado miserable, se da el dinero a los que pueden trabajar quedándose en casa para emborracharse, y hay jubilados que reciben una jubilación que no es suficiente para pagar la comida y la medicación.

Periodista: En el buen gobierno será muy diferente ...

Cid: Si. pero, además, en el buen gobierno están limitados, por ejemplo, el gasto en cenas, compra de coches, visitas internacionales y todos los gastos no esenciales con el fin de haber más dinero para los necesitados. Las situaciones de escasez se acompañan con interés y objetividad por la Asistencia Social y las Personas son ayudadas en la medida de sus necesidades. Se crean las condiciones de vida para las personas con discapacidad de cualquier tipo. Ver que esto es perfectamente posible, y hay países en los que funciona, como en los países nórdicos.

Periodista: Seguro que en esos países no es la mediocridad la que gobierna.

Cid: Pues no, pero esto no cae del cielo. Los ciudadanos fueron los que los eligieron, y se mantienen los partidos que tienen los gobernantes competentes! Y esto es perfectamente posible en cualquier parte del mundo, simplemente que los ciudadanos tomen conciencia, como vengo insistiendo.

Periodista: Entonces, después de ver los parámetros que nos iluminan sobre un gobierno bueno o malo, podemos pasar a ver el proceso por el cual podemos participar en la colocación de condiciones apropiadas para iniciar el progreso de un País.

Cid: Vamos entonces.

SUGERENCIAS PARA VOTAR CORRECTAMENTE

Periodista: ¿Cuáles son los fundamentos en los que basó su proceso?

Cid:

En primer lugar: considerar que la gobernanza de un país no puede ser considerada como una broma, o una situación de promoción personal. Cuando las personas civilizadas son invitadas, sólo aceptan a participar en la gobernancia si están capaz de hacerlo. Pero en un País de mediocridad lo que importa es "ir allá" y, si está mal gestionado, ya se salieron porque nadie pide responsabilidades a los malos gobernantes. Así es responsabilidad del ciudadano elegir un partido que busca, mantenga y promueve los honestos y competentes en la gobernancia, alejando los demás .

En segundo lugar: los ciudadanos deben votar de manera racional, eligiendo objetivamente por lo que observan, cuando vean el estado en que los partidos que anteriormente ya han gobernado, dejaron su País. Nunca votar emocionalmente, "por los bellos ojos" o la "conversación" de algún o algunos líderes de partido, ni dejarse llevar por la publicidad. Se sabe que la mediocridad va a pintar un cuadro hermoso para engañar al mayor número de votantes. Lo

41

importante es mantener en el gobierno a un partido que tiene personas que gobiernen bien, y echar a los partidos que han gobernado mal el País!

En tercer lugar: es necesario que la mayoría de los electores voten en un sólo partido, para no suceder una dispersión inútil de votos con el consiguiente aumento de partidos de mediocridad (debido a que sus componentes de mediocridad votan siempre). Es por eso que indico un proceso de elección que empieza por ver si el partido que estaba en el Gobierno debe continuar, o ser eliminado. En caso que debería ser eliminado y no hay ninguna otro partido que se distingue positivamente, debes empezar a aplicar el proceso de selección en el primero partido de la lista en la zona de la Capital (como sabe es sorteada la orden de la lista), debido a que el País puede tener diferentes listas de acuerdo con la zona del país, que naturalmente, tendrán una diferente ordenación de los partidos, y es necesario concentrar los votos en un solo partido, únicamente usando la lista de la zona de la Capital para que el proceso presentado sea eficaz. Después comprobar si no hay cualquier cosa en contra de la elección de ese partido y avanzar a lo segundo partido, si hay algo mostrando que el primero no sirve para gobernar, y así por la lista abajo. Se consigue de esta manera que la mayoría de los ciudadanos conscientes de un País estén en consonancia sin una dispersión inútil de votos para varios partidos.

Periodista: ¿No va a ser complicado este proceso que sugiere, para elegir el mejor candidato para gobernar un País? ¿ Y las personas con menos formación serán capaces de entenderlo?

Cid: Si intenta verá que hasta es muy simple! Y hay también un esquema para ayudar. En resumen, este es un proceso que se aplica desde el principio a los partidos que han estado en el Parlamento debido a las elecciones anteriores. Si han gobernado bien (por la observación de cómo están la educación, la justicia, la salud y seguridad social, como se muestra antes), votar por el principal partido. Si esos partidos han gobernado mal y hundieron el país, no votar por cualquiera de ellos, y se comienza a aplicar el proceso de selección del partido por quién votar, al comienzo de la lista de la papeleta de votación de la Capital (ya que otras regiones del país pueden tener una ordenación diferentes de los partidos, y sólo se debe utilizar la ordenación de una lista para no dispersar los votos), haciendo las preguntas presentadas adelante. Si esta partido del principio de la lista no sirve, seguirá siendo aplicado el mismo proceso a lo partido siguiente de la lista y así sucesivamente, hasta encontrar el partido por quién votar. Muy simple como usted ve!

Periodista: En la realidad es un proceso objetivo que busca a ver a través del polvo que buscan a llevarnos a los ojos durante las campañas electorales.

Cid: Así es y quien lo siga hasta no tiene necesidad de perder el tiempo en las campañas electorales y con las mentiras que se pueden decir en ellas. Lo que es importante es observar en la gobernación anterior, o lo que sucedió en Países en los que ciertos partidos, o partidos con la misma ideología ya han gobernado. Por supuesto, la observación debe ser global y no quedarse atascado en un caso concreto.

Periodista: ¿Qué quiere decir con eso?

Cid: ¿Le parece, por ejemplo que un ciudadano que quiere ver un progreso del País, va a votar por un partido que dice que es de "izquierda", de "derecha", o es un partido de fanáticos religiosos, o otros fanáticos, cuando nos fijamos en el estado en que estaban, o donde aún están los Países que fueron o son gobernados por esos regímenes?

Periodista: Curioso, nunca había pensado en ello.

Cid: Otro ejemplo: si un gobierno ha progresado notablemente un País, pero un ministro se ha comportado mal en un área particular, ¿le parece inteligente alejar de la gobernabilidad el partido de este gobierno sólo debido a aquel ministro?

Periodista: En este caso me parece que debe darse, en las elecciones, de nuevo el voto a este partido.

Cid: También me parece. Es el primer ministro quien deberá estar atento y sustituir este ministro antes de que el mal tomar otros ministros, si se quiere evitar la consiguiente eliminación de ese partido en las próximas elecciones. El total perfección no existe, pero no se puede ignorar y dejar sin ser responsable la mediocridad en posiciones de responsabilidad.

Periodista: ¿Y si en las elecciones no existe la misma lista para todas las regiones del País? Como el orden de los partidos no será la misma, ahí va la idea de tener casi todas las personas del País a votar por el mismo partido.

Cid: Como he dicho antes, en ese caso, <u>utilizar la lista de la región de la Capital del País</u>, para elegir en dicha lista el partido por quién votar de acuerdo con el proceso presentado, y luego votar en ese partido cuando le dan, en la centro electoral, la lista de su región que se va a votar. Así la mayoría de las personas del País sólo vota en un partido.

Periodista: ¿Pero cómo las Personas sabrán cuál es el orden de los partidos en la lista de la Capital del País?

Cid: Pueden ver en la Internet, o ponerse en contacto con la Comisión Nacional Electoral que siempre hay en el País. De cualquier manera el partido que en la lista de la Capital comprobar que, siguiendo el proceso presentado, será elegido, hará la suficiente publicidad de la lista de la Capital y de su posición en la lista, para las personas votaren por él!

Periodista: Muy bien! De modo no hay dudas, a continuación, le importa de hacer un resumen global, lo más práctico posible, con respecto al asunto: ¿cómo es que se empieza en el partido que ha tenido el mayor número de votos en las elecciones anteriores y, si no es bueno, se sigue por los otros de la lista de la Capital a partir del primero hasta encontrar el partido por quién votar?

Cid: Ciertamente! Una vez más insisto en que es muy sencillo, y muy potente este proceso. Sólo tienes que ir haciendo a ti mismo la secuencia de preguntas vinculadas que se presentan a continuación (también se presenta en la contraportada una figura que ilustra el proceso con un cuadro resumen general):

A) PRIMERA PREGUNTA: ¿EL PARTIDO MÁS VOTADO EN LAS ELECCIONES ANTERIORES HA DESARROLLADO EL PAÍS?

Comprobar si el país ha progresado, con el partido más votado en las elecciones anteriores, en los campos descritos anteriormente, salud, educación, justicia y seguridad social, o por lo menos ha mantenido el progreso que ya tenía antes, si el país ya estaba desarrollado!

Si el País ha progresado: votar de nuevo en ese partido!

Si el País no ha progresado: hacer la pregunta siguiente:

B) SEGUNDA PREGUNTA: ¿HAY ALGÚN PARTIDO QUE PRESENTE COMO PRESIDENTE DEL PARTIDO, A ALGUIEN QUE (POR LO QUE HA

HECHO PREVIAMENTE EN LA VIDA) SEA DE MUY VALOR Y COMPETENCIA PARA GOBERNAR EL PAÍS?

Comprobar si algún de los partidos presenta como presidente del partido alguien honrado (que no hay andado metido previamente en el fraude o corrupción) con buena carrera académica y desempeño profesional impecable, habiendo demostrado que ha hecho ya en la vida alguna cosa que vale la pena y seleccionado para candidatos a diputados personas del mismo género.

Si hay: votar en ese partido!

Si no hay: ir a la lista de los partidos en la boleta electoral de la región de la Capital del País (por lo general las listas no tienen el mismo tipo de ordenación de los partidos para las diferentes regiones del País, y es fundamental que todas las Personas hagan las siguientes preguntas en la misma ordenación de los partidos, por eso utilizar sólo la lista en la boleta electoral de la Capital) y hacer las siguientes preguntas, comenzando con lo primero partido de la lista de la Capital:

C) PREGUNTA: ¿ESTE PARTIDO YA ESTUVO EN EL PARLAMENTO?

1- Si ya estuvo en el Parlamento, a continuación, preguntar: ¿el País ha progresado notablemente en los campos descritos anteriormente, salud, educación, justicia y seguridad social, debido al desempeño de este partido mientras estaba en lo Parlamento?

Si el País ha progresado: votar en ese partido!

Si el País no ha progresado, eliminar este partido y avanzar al partido siguiente de la lista, repitiendo las preguntas desde la C)

2- SI AÚN NO ESTUVO EN EL PARLAMENTO, comprobar si hay, en primer lugar, algo que le elimina. Para ello hacer las siguientes preguntas:

2.1- ¿PARTIDOS CON LA MISMA IDEOLOGÍA DE ESTE PARTIDO YA HAN GOBERNADO EN OTRO PAÍS?

2.1.1- Si ya han gobernado en otro País, preguntar: ¿Lo hicieron evolucionar notablemente en los campos descritos anteriormente, salud, educación, justicia y seguridad social, o ellos destruyeron el País?

-Si lo hicieron evolucionar: votar en ese partido!

-Si destruyeron el País: avanzar al partido siguiente de la lista, repitiendo las preguntas desde la C).

2.1.2- Si no han gobernado en otro País, preguntar: ¿Su ideología es por el progreso de la Civilización? ¿O es por la mentira, por el fanatismo y por la destrucción rabiosa de los oponentes?

-Si es por la Civilización: votar en ese Partido!

-Si es por la mentira, por el fanatismo y por la destrucción rabiosa de los oponentes: abandonar este partido avanzar al partido siguiente de la lista, repitiendo las preguntas desde la C).

- Si no es posible conocer su ideología, comprobar, en la medida de lo posible (ir por ejemplo verificar en la Internet) si sus principales responsables y las personas que proponen a diputados son personas honestas, con carácter y han hecho ya en la vida alguna cosa que vale la pena.

- **Si son**, votar en ese partido!

- **Si no son**, avanzar al partido siguiente de la lista, repitiendo las preguntas desde la C).

Periodista: En la realidad parece fácil!

Cid: Y es muy fácil! Si las personas hacen la experiencia verán que obtienen buenos resultados. Como se puede ver, si se usa sistemáticamente este proceso en las elecciones, la mediocridad política comienza a desvanecerse y los partidos se esforzarán para cautivar para la gobernanza, las personas decentes y competentes. Este proceso sólo fracasa si las personas no lo sigan, o sea si se dejan enredar en un problema.

Periodista: ¿Cuál es el problema?

Cid: Aparece el problema si las personas dejaren de seguir a las preguntas propuestas y empezaren a pensar emocionalmente cosas como "Siempre voté por lo partido A, no me siento bien si cambiar de partido" o "En casa todos los votos son por lo partido B, yo también tengo que votar por él", o aún "el candidato X es muy amable y de conversación atractiva: Creo que voy a votar por él (aun cuando sea una nulidad profesional)". O si comienzan a pensar: "Todos ellos son iguales. Ya estoy cansado de esto, y así que no voy a votar, o voy a votar nulo o en blanco". Ve usted la situación: las personas dejan de ser racionales, siguen las emociones o son llevadas por el "cuento del Vicario" y falsas promesas que pueden aparecer en las campañas electorales, votando mal o no haber votado, y el País continúa gobernado por "garrapatas" parásitas condenándose a hundirse.

Periodista: Pero siempre habrá tales personajes, es decir, personas ignorantes que son engañadas y votan mal.

Cid: ¡Por supuesto que siempre existirán personas de este tipo, pero si sólo son la mitad de una docena no hay problema. El problema aparece cuando la mayoría de ellas no votan o votan mal!

Periodista: Y muchas veces también aparecerán malo gobernantes debido a las abstenciones. Las personas están cada vez más a abstenerse porque dejaron de creer en los políticos.

Cid: Es por eso que le dije antes que la abstención puede convertirse en la principal causa del hundimiento de un País en la mediocridad. Con el nuevo proceso descrito anteriormente, cada ciudadano debe votar, pero votar bien, y al ser un ciudadano que va votar está contribuyendo a limpiar la "basura política", eliminando los partidos que viven de la mediocridad. Así, en lugar de abstenerse, tienen la oportunidad de utilizar la lista de papeleta de voto de la Capital para votar masivamente en un de los partidos dándole la mayoría y causando la desaparición los demás que hundieron el País. Por otro lado el partido que ganó las elecciones con este nuevo proceso ya sabe que, si no gobierna para desarrollar el País y mejorar las condiciones de vida de las personas, en la próxima elección será eliminado de la escena política.

Periodista: Si, en la realidad el principal problema aparece cuando están "ahí" siempre los mismos partidos, independientemente de gobernar bien o gobernar mal.

Cid: Usted ve: ocurrirá a alguien que piensa, y actúa conscientemente, abstenerse, o volver de nuevo a votar en un partido que hizo un país hundirse, y quedarse en la miseria? Había que ser muy estúpido!

Periodista: Es evidente que para el País se desarrollar, tal partido debe ser eliminado. Pero muchas veces las personas dicen que no hay otros, o que son todos iguales.

Cid: Como he dicho antes, esto es lo que los partidos de mediocridad quieren que las personas piensen. Yo insisto: si en las elecciones las personas no se abstuvieren, y siguiendo el procedimiento de preguntas presentado anteriormente, los partidos de mediocridad desaparecen de la vida política (las "garrapatas" son arrancadas) y el partido que se eligió ya está advertido que desaparece si no gobierna bien. Por otro lado, no hay que olvidar que la "mediocridad" siempre vota para mantener a los que la alimentan.

Periodista: ¡Pero todo lo que dijo es cómo hacer una revolución en el país!

Cid: ¡No es una revolución sino una Evolución! Esto es lo que cualquier País necesita. Por otra parte, en el inicio, el Ciudadano no debe nada a los políticos. Son ellos los que deben al Ciudadano el hecho de ser tratado por "Sr. Diputado" o "Sr. Ministro", viviendo a expensas de nuestros impuestos! Si ellos no cumplen con su función, con capacidad, con dedicación y honestamente, deberán ser eliminados sin más preámbulos!

Periodista: ¿Y acerca del llamado voto de protesta en el partido de la oposición?

Cid: Si las Personas solo votan en el llamado partido de la oposición porque se sienten enojados con las acciones del otro partido, caen en el riesgo de votar a ciegas y poner en el poder un partido que previamente ya ha gobernado mal. Es comúnmente llamado "salir de la sartén para caer en el fuego"

¡ Y el País se pone peor! Seguir la secuencia de preguntas evita este problema!

Periodista: ¿Y si las personas votan en blanco?

Cid: Es puro gasto de energía para nada. En la práctica, simplemente aparecer en las estadísticas, pero no cambia nada. Lo que cuenta son los votos en los partidos. El proceso presentado tiene el mismo gasto de energía (ir a votar), pero es eficaz en la eliminación de la mediocridad y mantener la competencia en la gobernancia.

Periodista: Ahora parece claro por qué los Países avanzados en la Civilización Tratan de manejar para obtener la mejores personas en los lugares de gobierno. Compruebe lo que está sucediendo, por ejemplo, en Canadá, o en los países nórdicos!

Cid: ¡Muy bien. Sólo entonces se puede desarrollar un país! Por fin, e insisto, no hay que olvidar que la "mediocridad" siempre vota. El ciudadano que desea crear y vivir en un País desarrollado no puede dejar la "mediocridad" elegir por él, que es lo que sucede si no va a votar. Es fatal para el desarrollo de un País que un partido que ha gobernado mal siga teniendo diputados en el Parlamento, incluso si es en la llamada oposición.

Periodista: Curioso que al final de nuestra conversación, me da la sensación de que lo que dijo es parte del sentido común.

Cid: ¡Es de sentido común! Es suficiente que las personas lo usen, y no ponerse en las conversaciones de los expertos de engaño. ¿Recuerda la historia del huevo de Colón? *El más ridículo de todo es que hay una posibilidad real de cambiar un País, y las personas no la utilizan!!!* y de manera tan simple como beber un vaso de agua: es necesario tan sólo un día para ir hacer racionalmente (y no emocionalmente) una pequeña cruz en una papeleta de voto, en el lugar correcto. ¿Así que no le parece increíble que a veces las personas dejen hundir el País sin siquiera ir a votar? ¿No es sorprendente, como una pequeña acción puede cambiar tanto para mejor... o peor? Es por ello que el ciudadano debe ser consciente y actuar!

Periodista: ¡Sólo puedo agradecerle por el tiempo que usted pone en este tema, esperando a que las personas van hacer este pequeño esfuerzo ir a votar de forma racional, para el bien de todos!

Cid: ¡De nada! Me ha encantado, debido a que la función de un Ciudadano digno de ese nombre buscará naturalmente hacer evolucionar la Civilización y el ambiente donde se encuentra. Ahora sólo queda a las personas intentar para ver que da resultado y así pueden tener un País donde es bueno vivir. ¡Y esto sólo ocurrirá cuando las personas comienzan a pensar en estas cosas por su propia cabeza!

LA ARISTODEMOCRACIA

¡Cuesta arriba en el "Nivel de Civilización"! 55

*¡Tomará tiempo y requiere esfuerzo, pero vale la pena!*56

La "Idea Base" 58

¿Como hacer? 59

El funcionamiento de la Aristodemocracia 60

No dormir con la rutina 61

¡La Esperanza nunca muere! 62

¡CUESTA ARRIBA EN EL "NIVEL DE CIVILIZACIÓN"!

El proceso mostrado anteriormente para la selección de un partido para gobernar un País, es el primer paso clave para el desarrollo de un País que está sumido en la mediocridad de gobierno, o sea, hacer la limpieza de la mediocridad. Después es necesario que se crea un sistema automático (sin amiguismo) que permita que sólo sean las personas más dotadas, más competentes y con un nivel más alto de civilización las que tengan la posibilidad de ser gobernantes en el futuro. Esto evita el triste espectáculo de un País, de tener un Parlamento formado por seres sin mente que votan como "rebaño", con todos del mismo color a votar de la misma manera, como robot colorido, en la búsqueda de su propio interés o del interés del partido, en lugar de buscar el desarrollo del País.

¿Ha observado cómo verdaderamente es el funcionamiento del Parlamento o Asamblea de la República, o cualquier otro nombre que tiene el conjunto de todos los diputados en el régimen de la mediocridad? Cuando se les pregunta: "¿Quién vota a favor?" elevanse los robots azules; "¿Quién vota en contra?" elevanse los robots rojos; "¿Quién se abstiene?" elevanse los robots naranja (¡o cualquier otra composición de colores que el lector desee tener en cuenta!). ¿No era más barato en este País si en vez de gastar dinero con "robots", sus conductores y mayordomías, comprar muñecos de madera de colores que instalaría en el Parlamento y que sean controlados por un interruptor de la sede central del partido del mismo color, interruptor que haga levantarse los muñecos de madera de colores con el color de ese partido, en la momento de la votación? ¿Esto de levantarse y sentarse, de acuerdo con el color del partido, es trabajo de diputado competente? ¿Un Parlamento de Diputados competentes no tendría las propuestas presentadas aprobadas por más del 90%, si son buenas para el País, o rechazadas por más de 90%, si eran propuestas malas para el País? ¿ Después de todo lo que importa es el color de lo partido o el País?

Un cuento para ilustrar la situación de gobernabilidad por incompetentes: Imagine que tiene un ataque al corazón y que está siendo llevado a la mesa de operaciones en el hospital, cuando llega un empleado y te dice: "¡Hoy el cardiólogo tenía un problema y no puede venir, pero no se preocupe porque hemos hecho una elección y elegimos la empleada de limpieza para hacerle la operación, porque es muy amable y habla muy bien!" ¿Cómo se siente acerca de la situación si esto podría suceder? ¿Un hospital dejará una persona hacer operaciones sin tener la competencia para tal? No tiene sentido, ¿no es verdad? Entonces ¿tiene algún sentido existir la posibilidad para votar en un incompetente o un mentiroso para gobernar un País, como sucede ahora en la mayoría de los países llamados democráticos? ¡Es obvio que cualquier país se hundirá con tales gobernantes! ¡Basta con mirar lo que ha sucedido en los países que conozca!

¡La Aristodemocracia evita estas situaciones permitiendo sólo à las personas inteligentes, competentes y honestas, tener acceso a los puestos de gobierno! Es ese tipo de personas que puede hacer avanzar un País cuando se implementa el sistema de Aristodemocracia. ¡Y cuando se implementa es beneficioso para todo el mundo!

TOMARÁ TIEMPO Y REQUIERE ESFUERZO, PERO VALE LA PENA!

El proceso de implementación de la Aristodemocracia que

se presenta a continuación, no se hace de una noche a la mañana, al igual que con todo lo que vale la pena: primero requiere de entenderse y asimilarse; a continuación, requiere tiempo, esfuerzo y no renunciar ni caer en la tentación de utilizar el sistema para beneficio personal (no hay que olvidar que la aplicación honesta del sistema es lo que trae el verdadero beneficio para todos). Pero es simple y, como se puede notar, obtenemos otro Nivel de la Civilización: educación seria, la justicia como debe ser, sin pobres, con la salud gratuita y sin colas, hecha por los médicos competentes formados por la educación seria. À las personas se les paga de acuerdo con el tipo de responsabilidad y no por las "payasadas" que hacen, o por lo partido a lo que pertenecen.

¿Cree que es imposible hacer? ¡Pero no es! Es perfectamente posible hacer y incluso muy simple de implementar! Pero es claro que si la mayoría de las personas cree que es imposible, está prisionera al "siempre fue así y lo seguirá siendo" no haciendo su parte, incluyendo ir a votar bien, tal Sociedad Civilizada no ocurrirá!

Un cuento para ilustrar la situación en la vive la mayor parte de las personas prisioneras a la mediocridad, por cadenas que sólo existen en su imaginación y alimentadas por una publicidad tipo de lavado de cerebro:

Un comerciante árabe fue con su caravana de camellos en el desierto y se tuvo que acampar para pasar la noche. Los criados se acercaron a él diciendo:: "Tenemos un problema, ya que sólo trajeron 19 estacas para sostener los camellos, que son 20". Él respondió: "No hay ningún problema en absoluto! Los camellos son animales estúpidos de manera que atarán 19 camellos a las estacas y cuando se llega a que no tiene estaca hagan como para los demás simulando enterrar una estaca y lo atan a ella. Él va a estar inmóvil, como los demás , sin ni siquiera estar atado!" Los criados lo hicieron y el camello estaba atado a la estaca imaginaria, inmóvil, como los demás . El otro día, los criados volvieron a correr hacia el comerciante, muy angustiados, diciendo: "No sabemos lo que está pasando, todos los camellos están listos para continuar el camino, menos lo que no tenía ninguna estaca, que no se mueve!" Les respondió el comerciante: "¿Ya han hecho los gestos de la suelta, como si estuviera realmente atado?" ellos dijeron: "No tuvimos en cuenta eso". Fueron luego a hacer los gestos de desatar el camello pegado con cuerda imaginaria à la estaca imaginaria, y allí hizo su camino con los demás!

Esta es la forma como la mayor parte de las personas se comportan en la vida, amarradas a comportamientos que la mediocridad ha creado para mantener las personas "atadas" a lo que está en la moda, al partido en que siempre han votado, etc., ... sin pensar por su propia cabeza y comenzando a actuar racionalmente!

¿No te parece que vale la pena hacer un esfuerzo para liberarse, empezar a pensar por sí mismo, y poner en práctica en un país el régimen de la sociedad civilizada?

LA "IDEA BASE"

La idea básica de la Aristodemocracia, que se muestra a continuación, es tan evidente que incluso parece no ser necesario presentarla. pero desafío al lector a encontrar un solo País adonde realmente esté implementada institucionalmente.

Con facilidad se verifica que cualquier organización o servicio sólo progresa si tiene las personas competente para realizar las tareas en que tengan competencia. Como hemos visto antes, nadie normal gustaría de ser operado al apéndice por la dama de limpieza hospitalaria, pero si por el médico que es competente para hacerlo. Ella tiene que ser competente en su servicio de limpieza, y así es como las cosas van bien!

Por tanto, no es de extrañar decir que *para un País desarrollarse, y sus ciudadanos vivan bien, No debe haber ningún "chico astuto" a gobernar, pero si las personas más inteligentes, competentes, honestas (civilizadas), y interesadas en ayudar los demás. Deben garantizar la gobernabilidad de un País en lo que son competentes.* Esta es la idea básica de la Aristodemocracia, que es el sistema propuesto para poner en práctica esta idea básica. ¡Entonces todo lo demás funciona sin problemas!

¿COMO HACER?

Luego viene la pregunta clave: ¿De qué manera la sociedad que opera bajo el sistema de Aristodemocracia averigua si una persona es lo suficientemente inteligente, competente, honesta y interesada en ayudar los demás para llegar a ser gobernante? ¿Y como evitar que el mentiroso mediocre hijo del amigo del Presidente, puede ser nombrado a una posición de liderazgo, solo porque es hijo del amigo del Presidente?

El proceso es aún muy fácil de implementar, ya que uno quiere, y comienza en la Escuela Primaria: ¡cualquier maestro conoce de sus estudiantes los que son inteligentes, honestos, amigos, y también cuáles son los "otros"…! ¡Así que es suficiente hacer un registro individual!

Lo mismo ocurriría en la educación secundaria, y en la educación superior. Así, al terminar la Universidad cada estudiante tenía su "impresión del comportamiento, civilizacional y habilidades " registrada desde la Escuela Primaria.

De este modo, la Sociedad civilizada tendría los datos que necesita para saber si una determinada persona puede contribuir a la gobernancia para evolucionar el País, o si se trata de un estafador que quiere ser el jefe. Es suficiente por lo tanto hacer un registro honesto de las habilidades y carácter de cada estudiante desde la Escuela Primaria y no sólo de sus calificaciones como se lleva a cabo actualmente (y se podría hacer también un registro del desempeño de los padres que intentaron que el maestro defraudase la situación real del niño, con una calificación más alta de lo que se debe a que el niño, pues "hijo de peces, sabe nadar", y ya tendríamos evidencia de una educación fraudulenta en casa).

El mismo ocurriría en "curriculum" profesional y a continuación, sólo es necesario utilizar este registro para hacer funcionar a Aristodemocracia: ¡un partido sólo va a elegir y sólo presentará para gobernar el País personas lo suficientemente inteligentes, competentes, honestas y interesadas en ayudar los demás !

EL FUNCIONAMIENTO DE LA ARISTODEMOCRACIA

¡La Aristodemocracia debe basarse en los pilares fundamentales que son la honestidad y el altruismo: un 'mentiroso' y un egoísta deben ser excluidos de inmediato desde el principio! Por lo que se debe montar, desde el principio, un sistema de lucha contra el fraude que esté presente en todas las estructuras de la organización social. Por decirlo así, desde la cuna del ciudadano de este País desarrollado, debe respirarse la honestidad, para ver y sentir que cualquier intento de fraude le pone en una posición peor que si ha tenido una conducta honesta, y con consecuencias desastrosas para su vida. ¡En resumen, debe ser perfectamente clara y operacional la situación de que realmente "el crimen no compensa", pero la honestidad si! Como ejemplo, un País con la Aristodemocracia operativa, no pasa por la cabeza del estudiante copiar para obtener una buena calificación, pero ya sabe desde el principio que hay que estudiar y conocer el asunto, para este propósito.

¡Es absolutamente esencial que los ladrones, corruptos, inhumanos y "expertos" en la mentira no puedan llegar a los puestos de dirección!

¡Después, en las elecciones, las personas que se proponen a posiciones gobernancia tienen una historia clara revelando su competencia para el puesto de gobernancia que pretenden, perfectamente transparente a los otros ciudadanos que van a votar, de modo a ser capaz de votar conscientemente y bien informados sobre el nivel de las personas que un partido selecciona para gobernar!

NO DORMIR CON LA RUTINA

Luego que se implementa la Aristodemocracia, debe cuidarse. La mediocridad está siempre en busca de nuevas formas para anular la competencia (debe existir la competencia por el bien de todos, incluido el del mediocre). Así que no se puede "dormir en la forma": el gobierno del país gobernado según la Aristodemocracia tiene que asegurarse de que este régimen sigue vigente o sea que la mediocridad, los egoístas y los que viven de apariencias no van asumir puestos de gestión. Por lo que nunca se puede juzgar que todo está asegurado de forma automática y negligenciar el funcionamiento de la Aristodemocracia permitiendo, por ejemplo, que el hijo de su amigo ocupe una función para la que no tiene competencia!

Por otro lado, el gobierno del país gobernado según la

Aristodemocracia debe fomentar por todos los medios el desarrollo de las propias cualidades de cada persona, que son diferentes de persona para persona, pero todas útiles para los diferentes campos de la actividad en el País. *¡El fundamental no es querer ser o verse mejor que los demás , pero ser honesto y desarrollar sus habilidades sin estar en comparación con los de los demás, poniéndolas después al servicio del bien común!*

¡LA ESPERANZA NUNCA MUERE!

Como el lector ha comprobado, la implementación de la Aristodemocracia es muy sencillo, perfectamente ejecutable y pone el País en un nivel de Civilización donde la humanidad va a disfrutar de la vida.

¡Pero este esquema no se "cae del cielo", y no aparece desde el día hasta la noche! Incluso si los que le rodean a usted no pueden ver de inmediato su utilidad, no renunciar o perder la esperanza. Ir tratando de aclarar el posible las personas que pasan a través de su vida y aquellos que pueden entender pedirles para ayudar a la Humanidad a evolucionar hablando de este sistema a otras personas. El proceso de este modo se dará a conocer y se abre una puerta de esperanza a los desilusionados con la Política, mostrándoles el camino de una forma sencilla y que pueden implementar para que las personas puedan crecer en la civilización y que el sistema pueda ser implementado rápidamente en todo el mundo.

¡Como se puede imaginar, cuando este sistema de la Aristodemocracia se implemente en el mundo, no habrá personas que mueran de hambre, o anormales que generen guerras! Y cada persona podrá mirar a las otras personas que pasan a través de su vida, como gente amigable y tendrán la alegría de vivir!